¡Aprende Ya!
Acordes para el Acordeón de Botones

POR FONCHO CASTELLAR

Para obtener al audio, visite:
www.halleonard.com/mylibrary

Enter Code
4048-5862-7257-0379

Fotografía de la portada: Randall Wallace
Editor del proyecto: Ed Lozano

ISBN 978-0-8256-2878-8

Visit Hal Leonard Online at
www.halleonard.com

Contact us:
Hal Leonard
7777 West Bluemound Road
Milwaukee, WI 53213
Email: info@halleonard.com

In Europe, contact:
Hal Leonard Europe Limited
42 Wigmore Street
Marylebone, London, W1U 2RN
Email: info@halleonardeurope.com

In Australia, contact:
Hal Leonard Australia Pty. Ltd.
4 Lentara Court
Cheltenham, Victoria, 3192 Australia
Email: info@halleonard.com.au

Índice

Lista de Temas Musicales del Audio

Prólogo

El *acordeón de botones* (algunas veces llamado el acordeón diatónico, acordeón moruna, o sinfonía) tiene una historia muy larga. Por muchos años ha sido usado para embellecer folklores musicales de muchos paises y es por esto que este instrumento goza de un alto grado de popularidad. Tocar el acordeón trae un gran entretenimiento para consigo mismo y diversión para todos. Como el instrumento es muy popular he elaborado este método, *¡Aprende ya! Acordes para el acordeón de botones*. Donde el estudiante aprenderá los principios fundamentales de la música. Con un poco de práctica diaria, usted podrá llegar a expresarse musicalmente tocando melodías populares como: cumbias, vallenatos, rancheras, merengues, boleros, salsas, tangos, *etc*. Este método le ayudará a aprender de una manera fácil y sencilla con la cual podrá demostrar sus conocimientos en frente de sus amistades en muy poco tiempo.

Foncho Castellar

Introducción

El acordeón de botones ha sido, desde hace mucho tiempo, uno de los instrumentos favoritos de las naciones europeas. Y como resultado de la gran popularidad en toda America, hemos desarrollado este libro, el cual le puede servir de profesor y/o guía. Es bastante difícil conseguir profesores de este instrumento, por este motivo el método está escrito de una manera didáctica, la cual le ayudará a cumplir su deseo de aprender este popular instrumento.

El aprender a tocar el acordeón de botones no es nada difícil. Siga los pasos uno por uno y ejercite bien los dedos, ya que para tocar el acordeón se necesita mucha digitación.

Para el estudio de el acordeón diatónico es muy importante tener por lo menos una idea de lo que es la teoría musical la cual le ayudará a manejar el instrumento con más entendimiento y facilidad.

Nuestro estudio se basará en el manejo de un acordeón diatónico de tres hileras de botones para la mano derecha y doce botones para los bajos de la mano izquierda. Este sistema también se puede adaptar a cualquier acordeón diatónico, ya sea de una o dos hileras de botones.

Explicación del Acordeón de Botones

El acordeón diatónico es un instrumento portable. Compuesto por dos cajas sonoras rectangulares desiguales, las cuales contienen laminas metalicas vibrantes para producir el sonido. El acordeón está provisto de un teclado para realizar la melodía con la mano derecha (la *clave de Sol* que produce la escala mayor diatónica natural), y botones para los bajos, (la *clave de Fa* con la mano izquierda) que producen algunos tonos fundamentales y acordes. El aire es controlado por medio de una caja flexible conectada a las dos cajas sonoras que se le llama *fuelle*.

correas   mesa   botón del aire

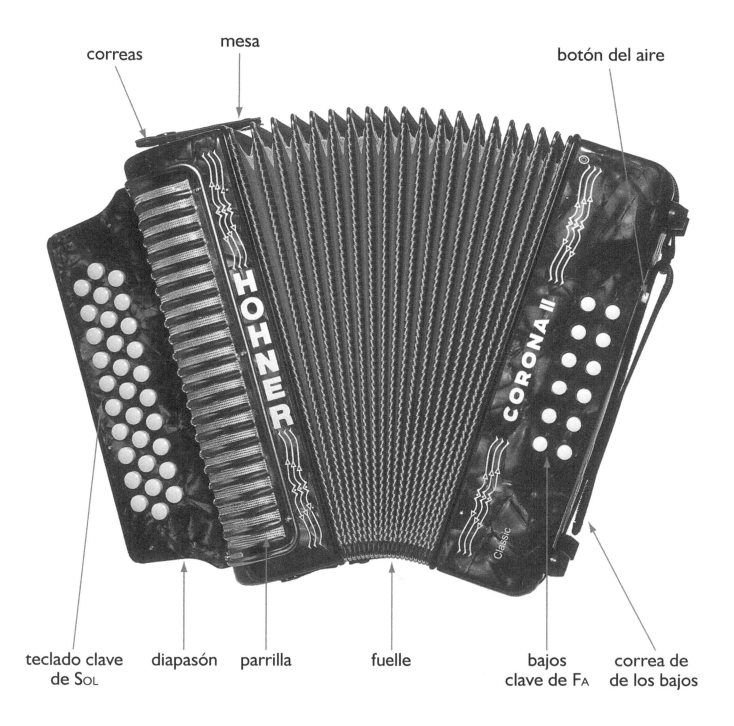

teclado clave de Sol   diapasón   parrilla   fuelle   bajos clave de Fa   correa de de los bajos

Las Manos y Enumerando los Dedos

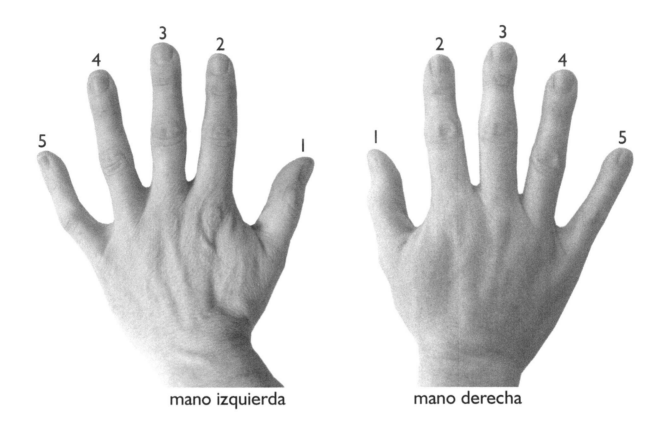

mano izquierda   mano derecha

Sosteniendo el Instrumento

Después de haberse colocado las correas con que se sostiene el instrumento, siéntese en una silla sin brazos y coloque el *acordeón* sobre su pierna izquierda.

Coloque el dedo número 1 de la mano derecha a través de la correita que está en el *diapasón*.

Coloque el dedo número 2 sobre el botón número 3 de la hilera C, despúes coloque los dedos número 3, 4 y 5 sobre los botones 4, 5 y 6 respectivamente.

Coloque la mano izquierda por debajo de la correa que se encuentra en la parte izquierda del instrumento colocando el dedo número 1 en el *botón del aire*.

Sostenga las manos en esta posición por un momento hasta que sienta que está en posición de tocar.

Extienda el *fuelle* lentamente y ciérrelo usando el botón del aire, con movimiento de la mano izquierda. De nuevo extienda el fuelle y usted estará en posición, listo para tocar.

Explicación de la Tablatura

La *tablatura* es un sistema de notación parecida al sistema de música común. La tablatura del acordeón de botónes esta formada por cuatro líneas horizontales que forman tres espacios. Cada espacio representa una de las hileras de botones. Cada número representa el botón que debe pulsar, cerrando y abriendo el fuelle según se indíque. Los números entre paréntesis indican el cierre del fuelle y los números sin paréntesis indican que se abra el fuelle.

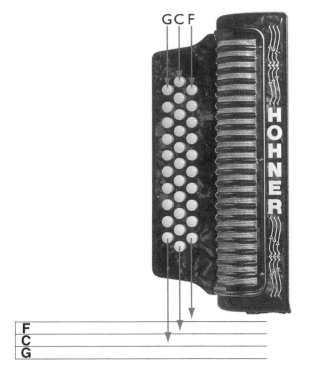

Hay dos tablaturas, una para la mano derecha y otra para la mano izquierda. En este libro le vamos a dar prioridad a la mano derecha.

Explicación de notación musical común

Para que se le haga mas fácil el aprendizaje del instrumento, es necesario tener un entendimiento fundamental de el lenguaje musical.

¿Que es la música?

La música es arte y ciencia al mismo tiempo. Tiene como base el sonido; como elemento el ritmo, la armonía, la melodía y el timbre. Es la expresión de los sentimientos, el idioma del alma.

Una nota es la representación gráfica de un sonido.

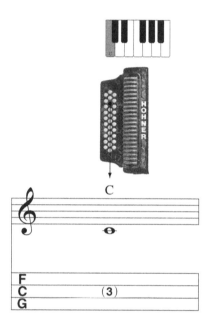

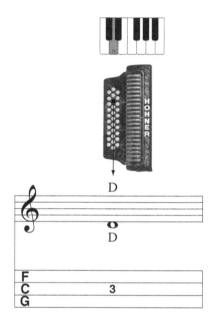

Un acorde es por lo menos tres notas tocadas a el mismo tiempo, agrupadas en terceras.

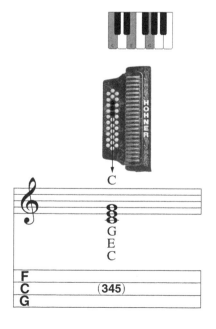

Sabemos que la música es un lenguaje y como tal necesita signos gráficos (notas) para su escritura. Estos signos (notas) se colocan en una figura llamada *pentagrama*.

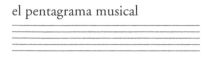

el pentagrama musical

El pentagrama está compuesto por cinco líneas y cuatro espacios.

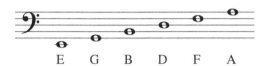

líneas

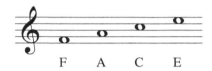

espacios

Cada línea y cada espacio representa una nota.

E   G   B   D   F   A

F   A   C   E

Los pentagramas se hallan divididos por líneas verticales a las cuales se les llama *barras*.

barras

El espacio dentro las barras se llama *compás*.

barras dobles

compás — compás — compás — compás

La *doble barra* indica el final de la canción o tema musical.

Dentro del pentagrama y en su parte superior e inferior se escriben los signos. Los principales son: las claves, las notas, los silencios y las alteraciones.

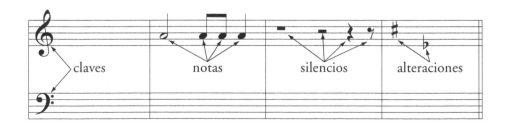

claves   notas   silencios   alteraciones

Las claves son signos que sirven para determinar el nombre de la nota y la altura del sonido. Las más utilizadas son: la *clave de Sol* y *la clave de Fa*.

clave de Sol

clave de Fa

El sonido grave (bajo) o agudo (alto) depende de la colocación de la nota en el pentagrama.

Los sonidos altos o agudos se tocan en el lado derecho del acordeón, estos se escriben en la clave de Sol. Para los sonidos graves o bajos se usa el lado izquierdo del acordeón, y se escriben en la clave de Fa.

Tiempo de Compás

El compás es la unidad de medida de la música. Los pentagramas estan divididos por líneas verticales llamadas barras. El espacio comprendido entre dos barras se llama compás.

Cada compás posee un número de tiempos acentuados. Estos tiempos constituyen la medida exacta de la música y la combinación de estos tiempos es lo que se llama *ritmo*.

El ritmo o tiempo es indicado por los números colocados al principio de cada pieza, al lado derecho de las claves de Sol o de Fa.

El número de arriba indica la cantidad de tiempos en cada compás. Y el número de abajo indica la nota que representa un tiempo. Una nota negra vale un tiempo.

Tenemos otros *tiempos de compás* como el de ¾ (tres tiempos en cada compás) que se usa en los valses.

También tenemos el *tiempo de compás* de ²⁄₄ (dos tiempos en cada compás) que se usa mucho en las polkas, los corridos, *etc.*

El Valor de las Notas

redonda = 4 tiempos — silencio de redonda = 4 tiempos

blanca = 2 tiempos — silencio de blanca = 2 tiempos

negra = 1 tiempo — silencio de negra = 1 tiempo

corchea = 1/2 tiempo — silencio de corchea = 1/2 tiempo

tresillo = 1/3 tiempo — silencio de tresillo = 1/3 tiempo

semicorchea = 1/4 tiempo — silencio de semicorchea = 1/4 tiempo

Repaso

cuatro tiempos en cada compás

la nota negra vale un tiempo

dos tiempos en cada compás

la nota negra vale un tiempo

tres tiempos en cada compás

la nota negra vale un tiempo

Mano Derecha

La primera línea (G o Sol): los botones de la línea G
estan numerados del 1 al 10.

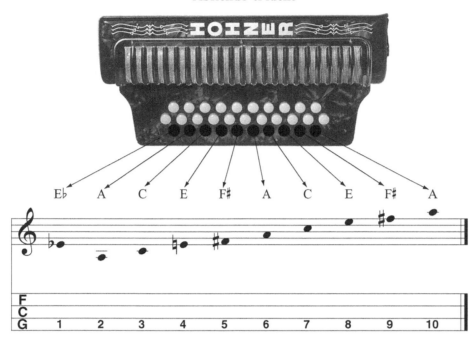

Abriendo el fuelle

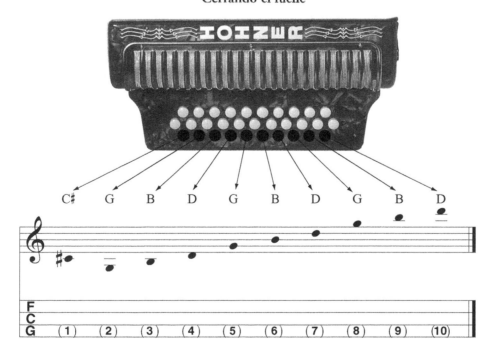

Cerrando el fuelle

La segunda línea (C o Do): los botones de la línea C
estan numerados del I al II.

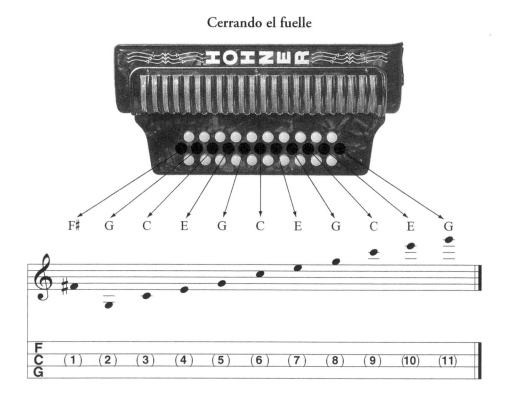

La tercer línea (F o Fa): los botones de la línea F estan
numerados del 1 al 10.

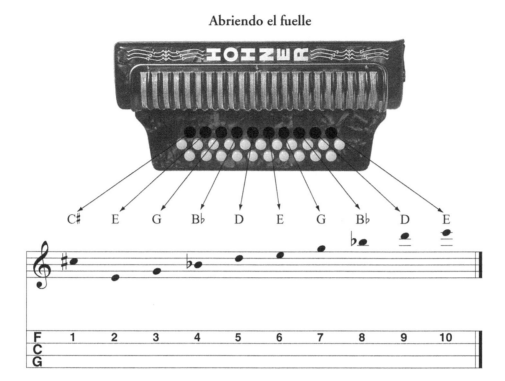

Abriendo el fuelle

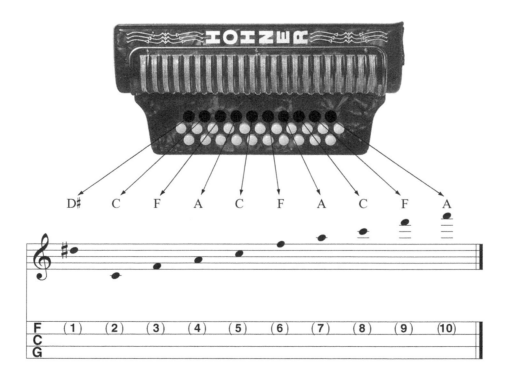

Cerrando el fuelle

Tocando el Instrumento

pista 1

Extienda el fuelle y coloque el dedo número 2 de la mano derecha sobre el botón número 3 de la hilera del centro Do (C). Mantenga la nota pisada y cuente 4 tiempos marcando con el pie y cerrando el fuelle lentamente (1, 2, 3 y 4) usando un segundo por cada tiempo. La nota que usted esta pisando es el primer tono de la escala mayor llamado Do (C), la *tónica*.

Levante el dedo y (con el mismo dedo) pise el mismo botón extendiendo el fuelle lentamente contando los cuatro tiempos (1, 2, 3 y 4). La nota que suena es el segundo tono de la escala mayor llamado Re (D), la *supertónica*.

Ahora levante el dedo y pise el botón número 4 con el dedo número 3 cerrando el fuelle y contando cuatro tiempos. El tono que suena es el tercer tono de la escala mayor llamado Mi (E), la *mediante*.

Pisando el mismo botón con el mismo dedo, extendiendo el fuelle, y contando los cuatro tiempos se toca la proxima nota. Esta nota es el cuarto tono de la escala mayor llamada FA (F), la *subdominante*.

Levante el dedo y pise el botón número 5 con el dedo número 4. Ahora cierre el fuelle lentamente y cuente los cuatro tiempos. Estás produciendo el quinto tono de la escala mayor y esta nota se llama SOL (G), la *dominante*.

Tocando el mismo botón con el mismo dedo extendiendo el fuelle y contando los cuatro tiempos se produce el sexto tono de la escala mayor. Esta nota se llama LA (A), la *superdominante*.

Ahora levante el cuarto dedo y pise el botón número 6 con el dedo número 5. Abriendo el fuelle se produce el septimo tono que se llama Si (B), la *sensible*.

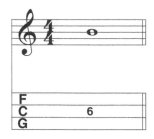

Pisando el mismo botón, cerrando el fuelle producirá el octavo tono de la escala de Do (C).

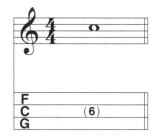

Ahora toque la escala mayor en forma ascendente y en forma descendente. El ejemplo contiene la escala con notación tradicional, y la tablatura. El valor de la nota es de cuatro tiempos, y se le llama *redonda* (o). Cuando toque la escala, no se olvide de contar cuatro tiempos en cada compás. Cuando usted logre hacer esto con facilidad estará listo para tocar ciertas melodías con la mano derecha.

pista 2

Escala de Do

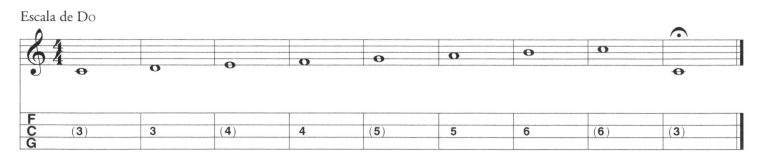

Acordes de Do (C)

pista 3

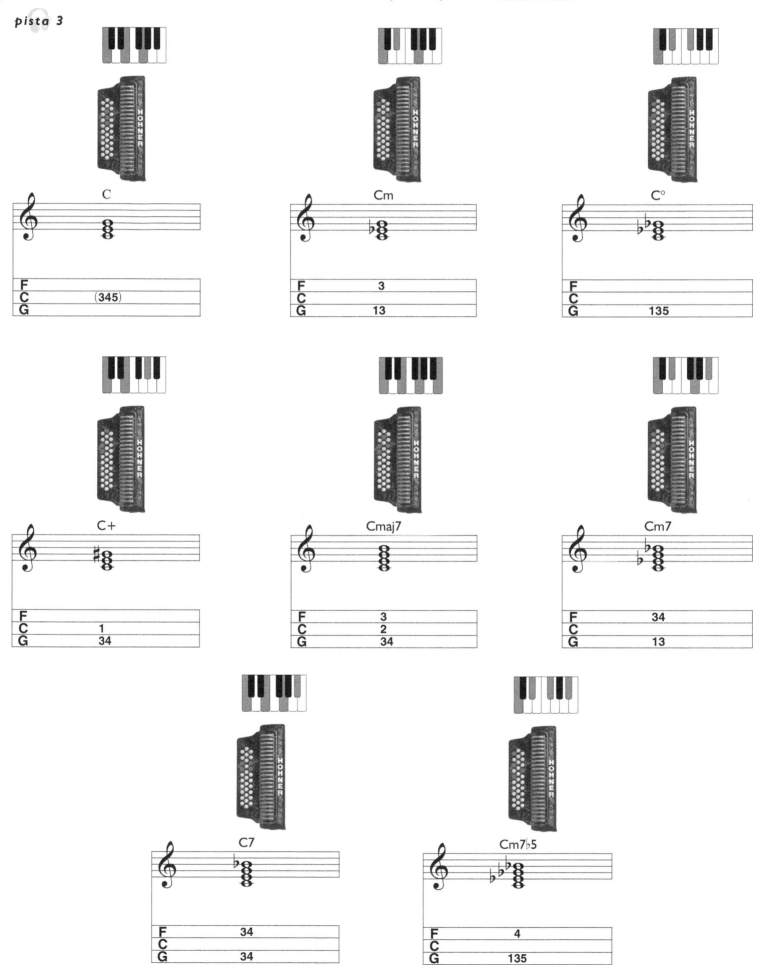

Ejercicios

A continuación vamos a practicar algunos acordes en forma de arpegios, es decir tocando cada nota del acorde por separado, con diferentes patrones y ritmos.

Arpegio de Do mayor (C)

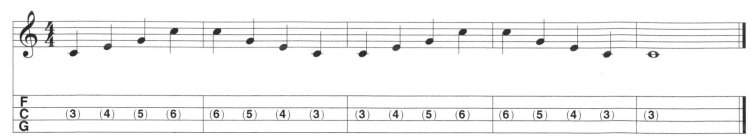

Arpegio de Do menor (Cm)

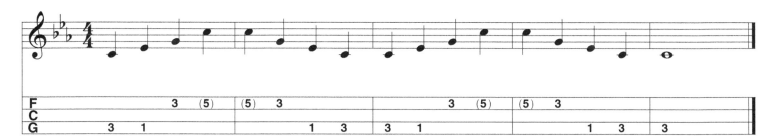

Arpegio de Do disminuido (C°)

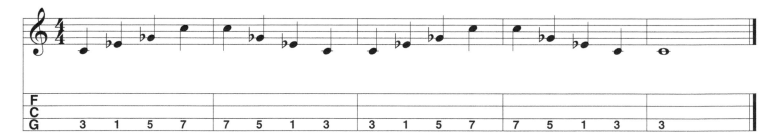

Arpegio de Do aumentado (C⁺)

23

Arpegio de Do maj7(Cmaj7)

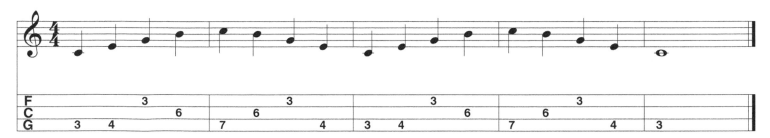

Arpegio de Do m7 (Cm7)

Arpegio de Do7 (C7)

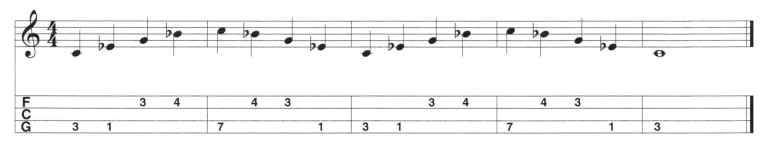

Arpegio de Do m7♭5 (Cm7♭5)

Acordes relacionados a la tonalidad de Do (C)

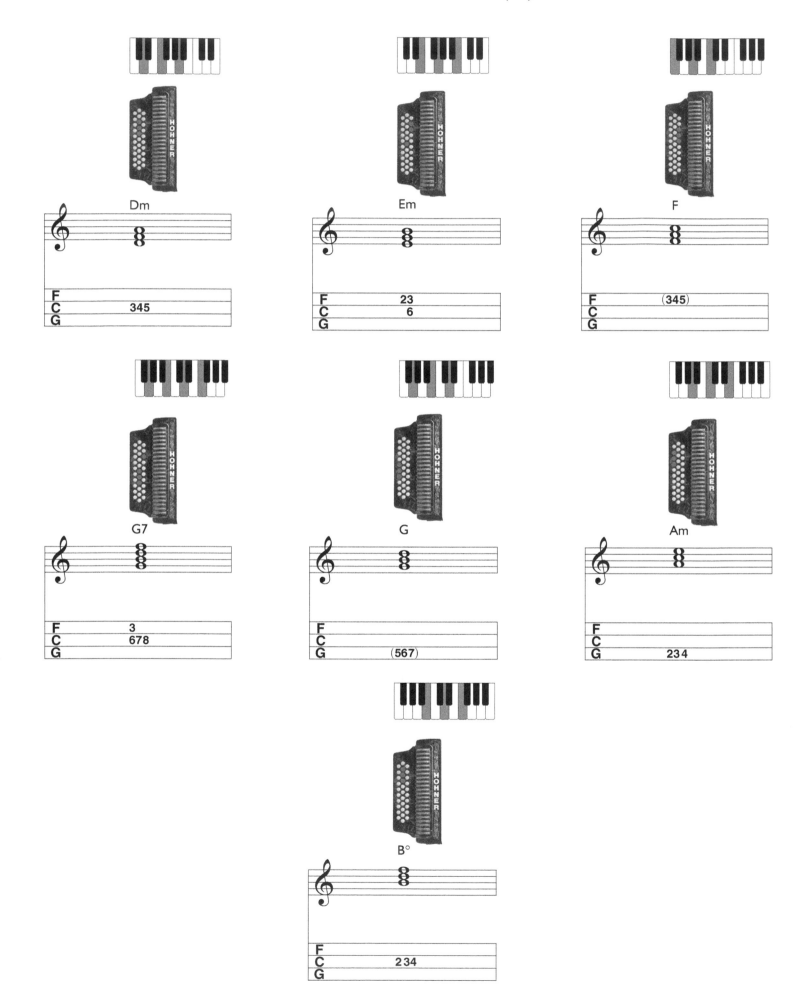

pista 5

Progresiones más comunes en Do (C)

I – V – I

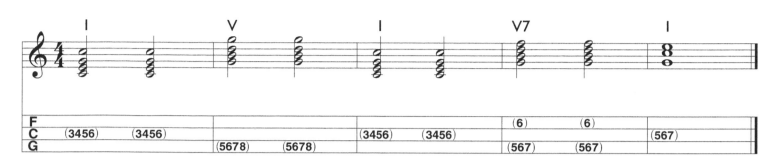

I – IV – V7

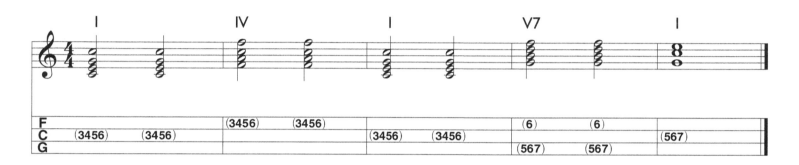

I – ii – IV – V7 – I

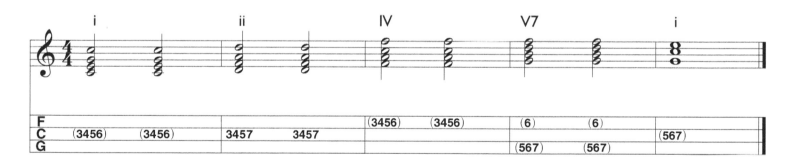

I – vi – ii - V

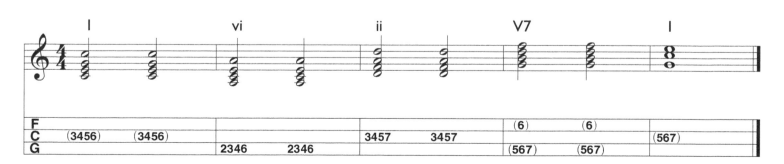

Acordes de SOL (G)

pista 6

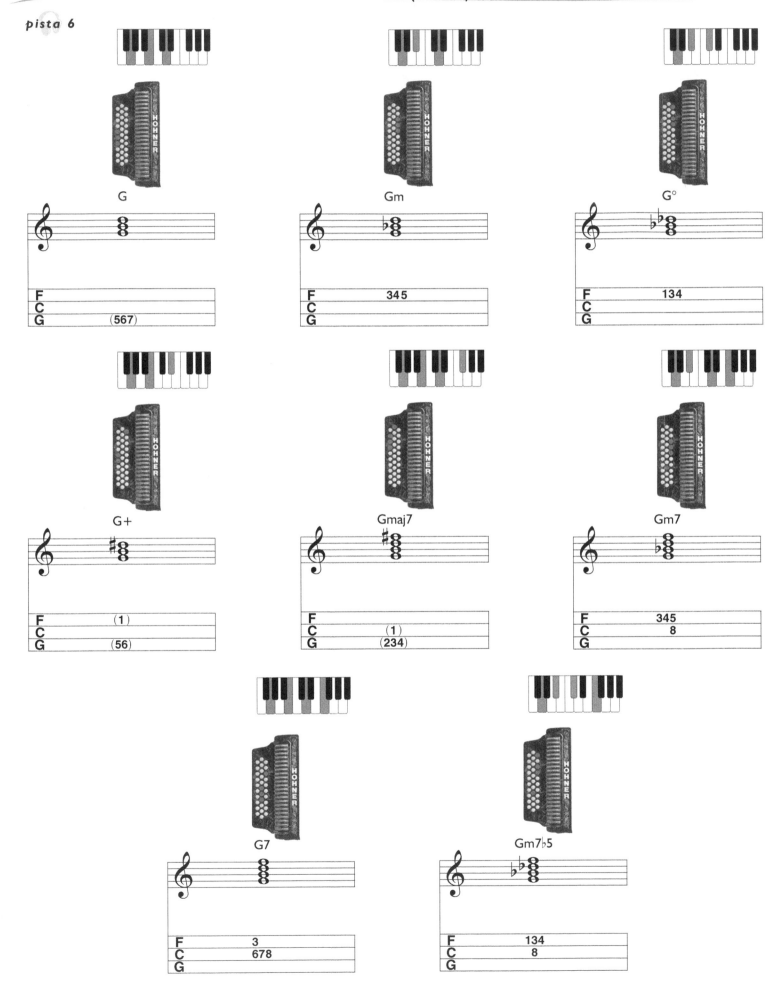

Ejercicios

Arpegio de Sol mayor (G)

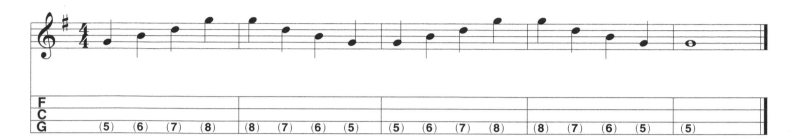

Arpegio de Sol menor (Gm)

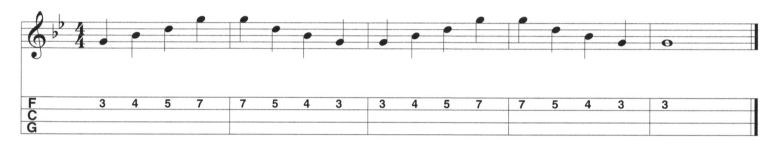

Arpegio de Sol disminuido (G°)

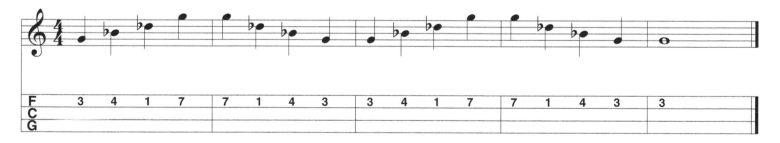

Arpegio de Sol aumentado (G⁺)

Arpegio de Sol maj7 (Gmaj7)

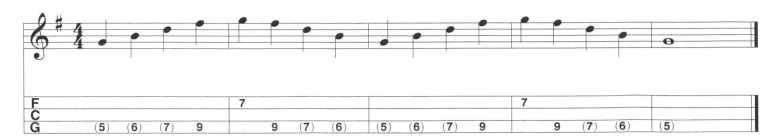

Arpegio de Sol m7 (Gm7)

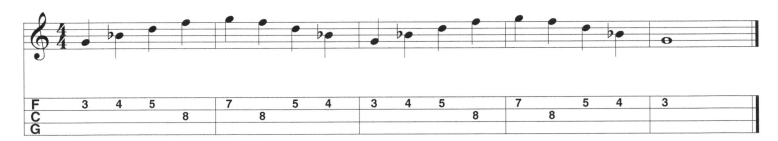

Arpegio de Sol7 (G7)

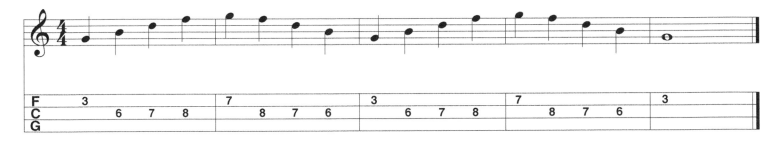

Arpegio de Sol m7♭5 (Gm7♭5)

Acordes relacionados a la tonalidad de Sol (G)

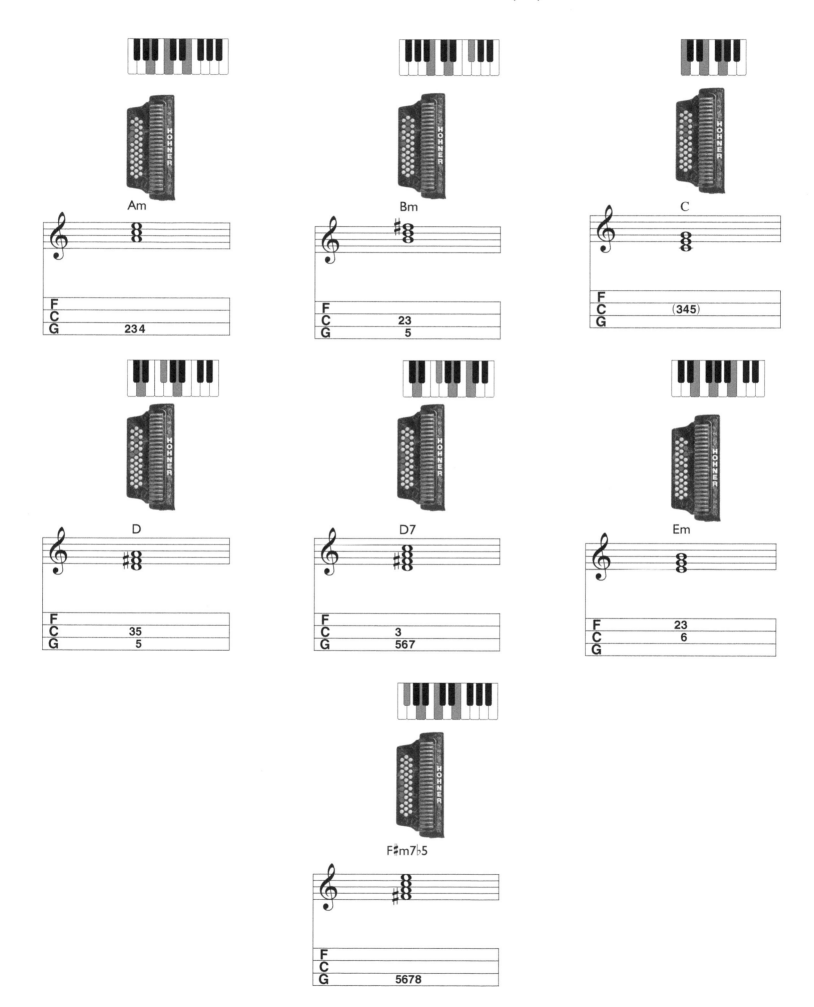

pista 8

Progresiones más comunes en SOL (G)

I – V – I

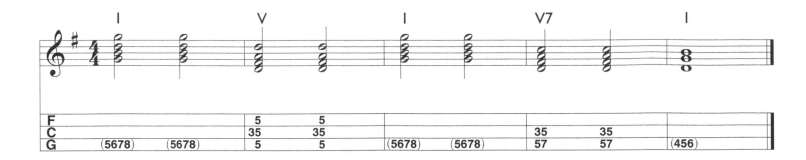

I – IV – V7

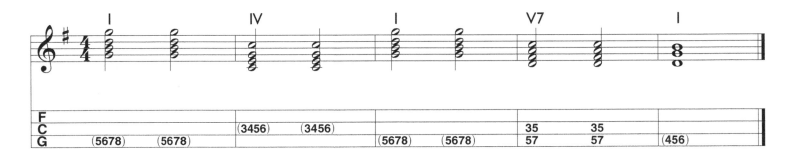

I – ii – IV – V7

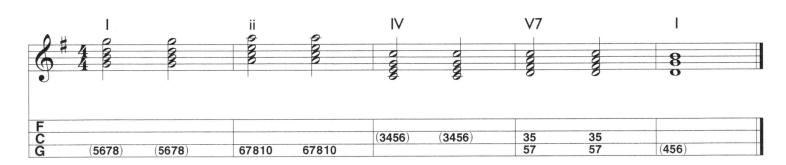

I – vi – ii - V

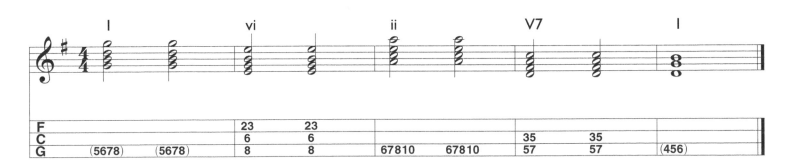

Acordes de Fa (F)

pista 9

Ejercicios

Arpegio de FA mayor (F)

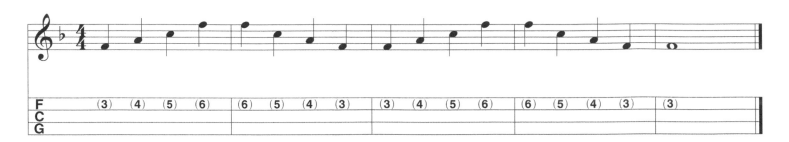

Arpegio de FA menor (Fm)

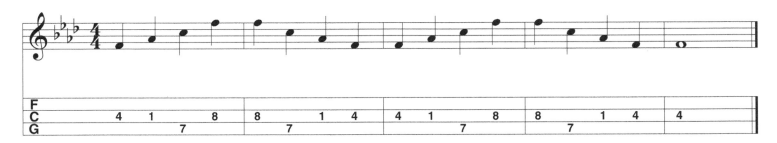

Arpegio de FA disminuido (F°)

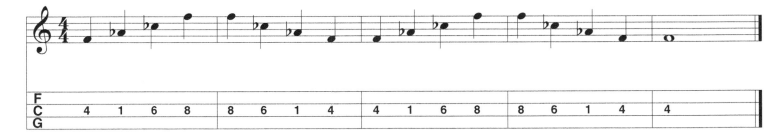

Arpegio de FA aumentado (F⁺)

Arpegio de Fa maj7 (Fmaj7)

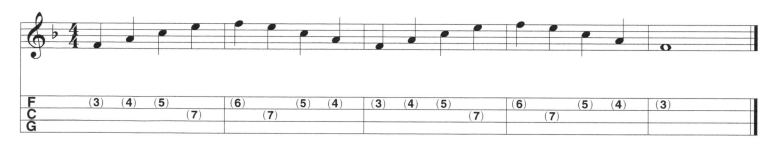

Arpegio de Fa m7 (Fm7)

Arpegio de Fa7 (F7)

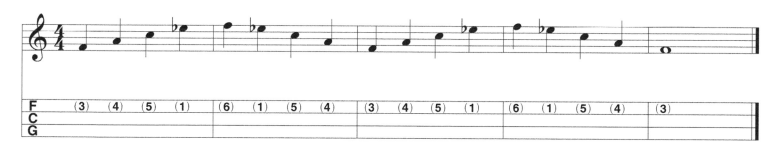

Arpegio de Fa m7♭5 (Fm7♭5)

*Acordes relacionados a la tonalidad de F*A *(F)*

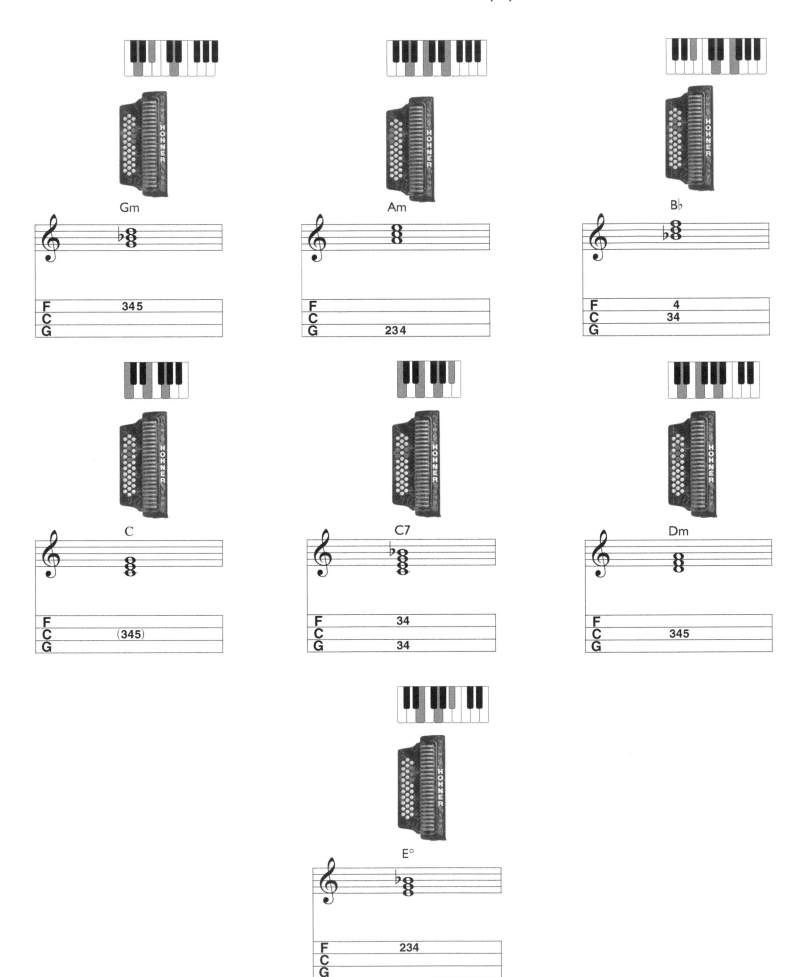

Progresiones más comunes en FA (F)

I – V – I

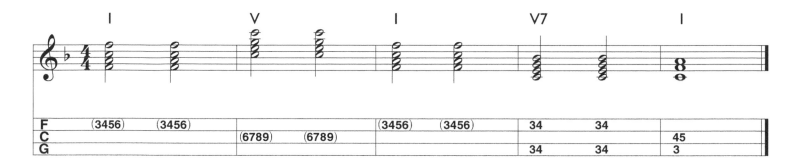

I – IV – V7

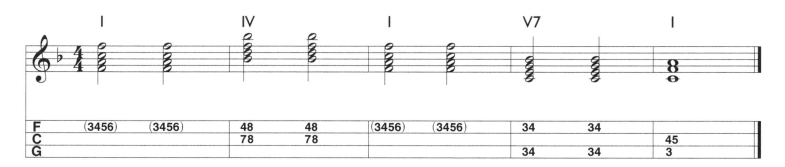

I – ii – IV – V7

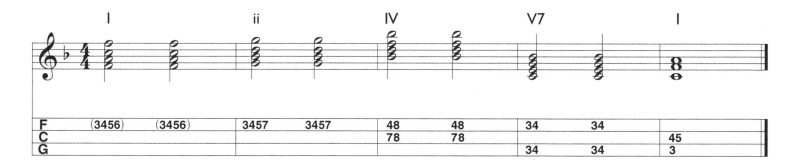

I – vi – ii - V

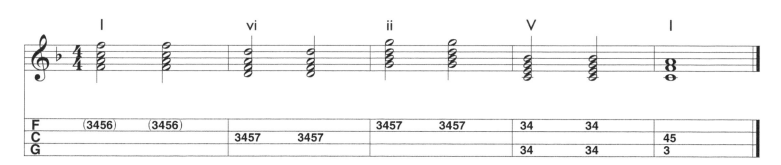

Acordes de Re (D)

pista 12

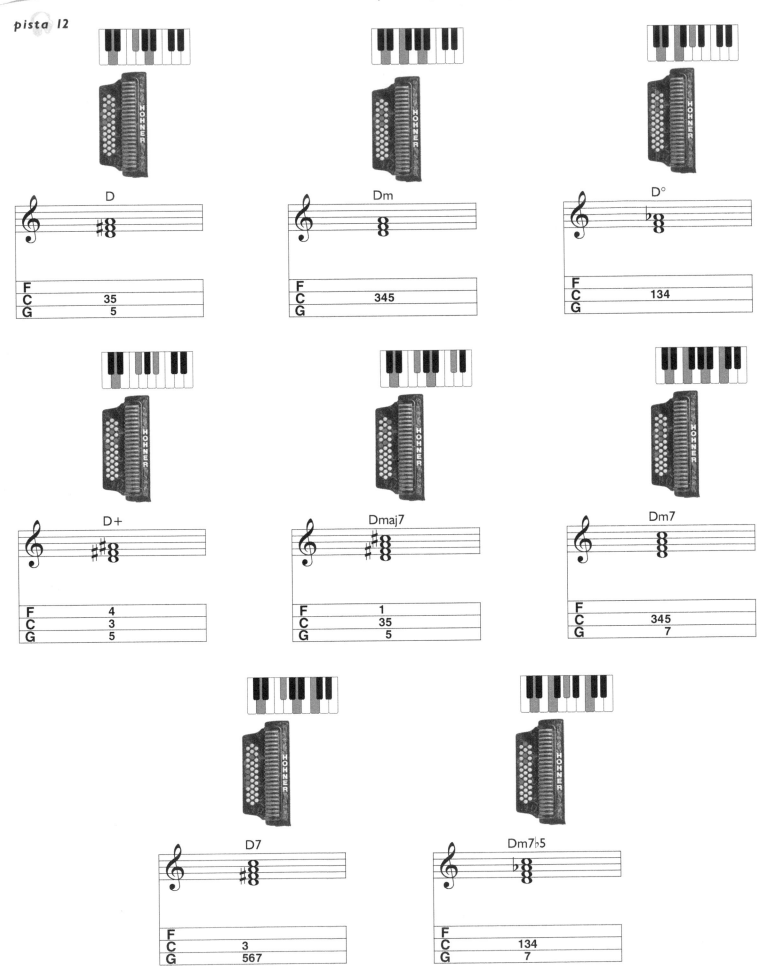

Ejercicios

Arpegio de RE mayor (D)

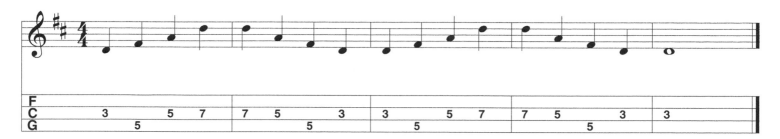

Arpegio de RE menor (Dm)

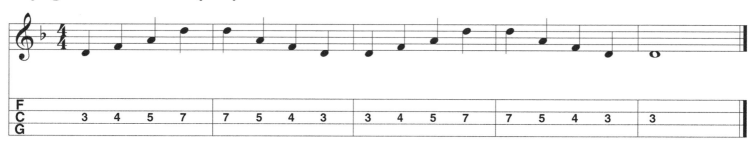

Arpegio de RE disminuido (D°)

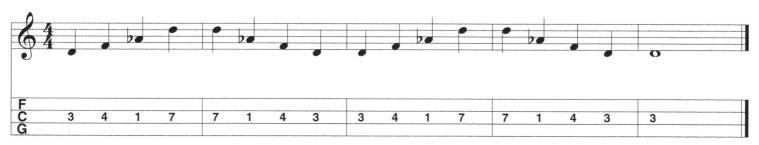

Arpegio de RE aumentado (D⁺)

Arpegio de Re maj7 (Dmaj7)

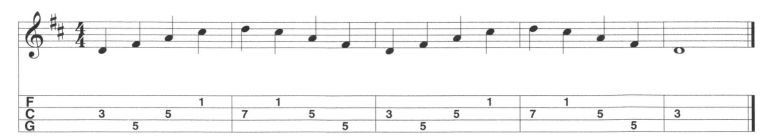

Arpegio de Re m7 (Dm7)

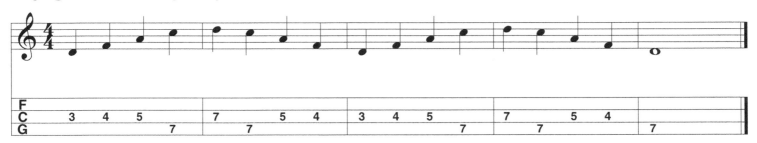

Arpegio de Re7 (D7)

Arpegio de Re m7♭5 (Dm7♭5)

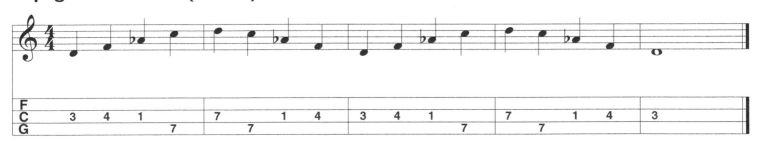

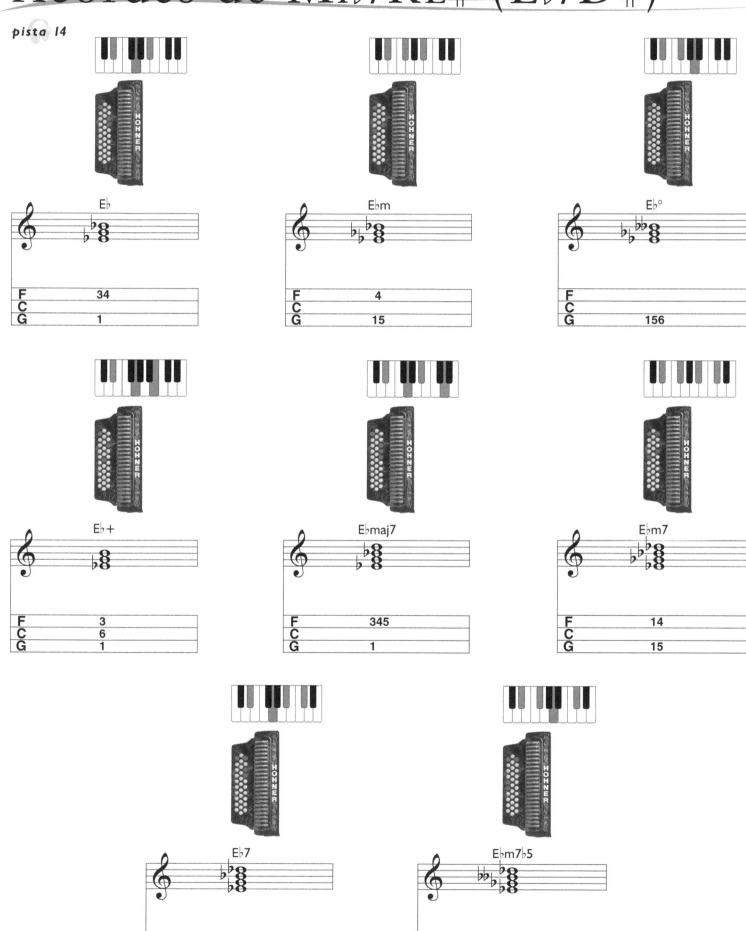

Acordes de MI♭/RE♯ (E♭/D♯)

pista 14

E♭

F	34
C	
G	1

E♭m

F	4
C	
G	15

E♭°

F	
C	
G	156

E♭+

F	3
C	6
G	1

E♭maj7

F	345
C	
G	1

E♭m7

F	14
C	
G	15

E♭7

F	134
C	
G	1

E♭m7♭5

F	1
C	
G	156

pista 15

Ejercicios

Arpegio de Mi♭ (E♭)

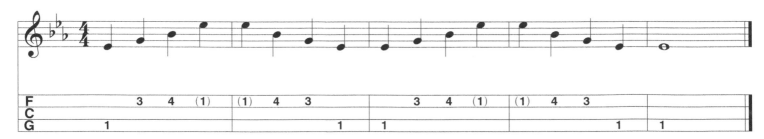

Arpegio de Mi♭ menor (E♭m)

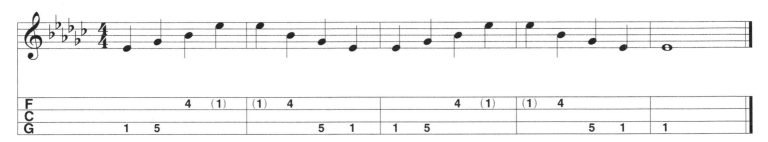

Arpegio de Mi♭ disminuido (E♭°)

Arpegio de Mi♭ aumentado (E♭+)

Arpegio de Mi♭ maj7 (E♭maj7)

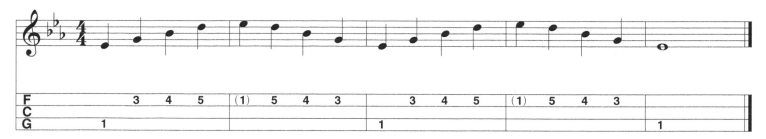

Arpegio de Mi♭ m7 (E♭m7)

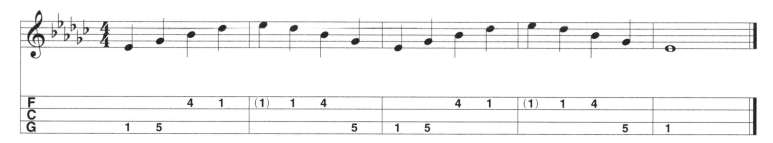

Arpegio de Mi♭7 (E♭7)

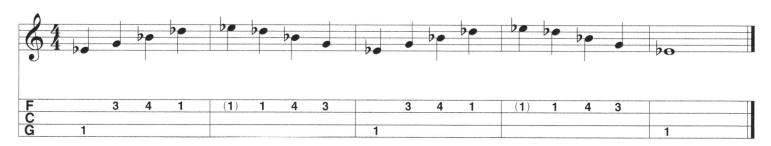

Arpegio de Mi♭ m7♭5 (E♭m7♭5)

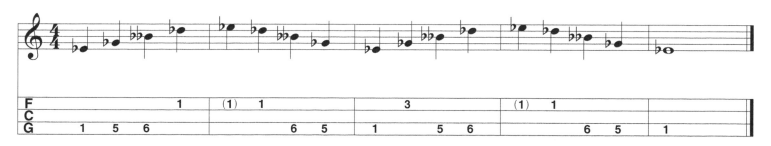

Acordes de Mɪ (E)

pista 16

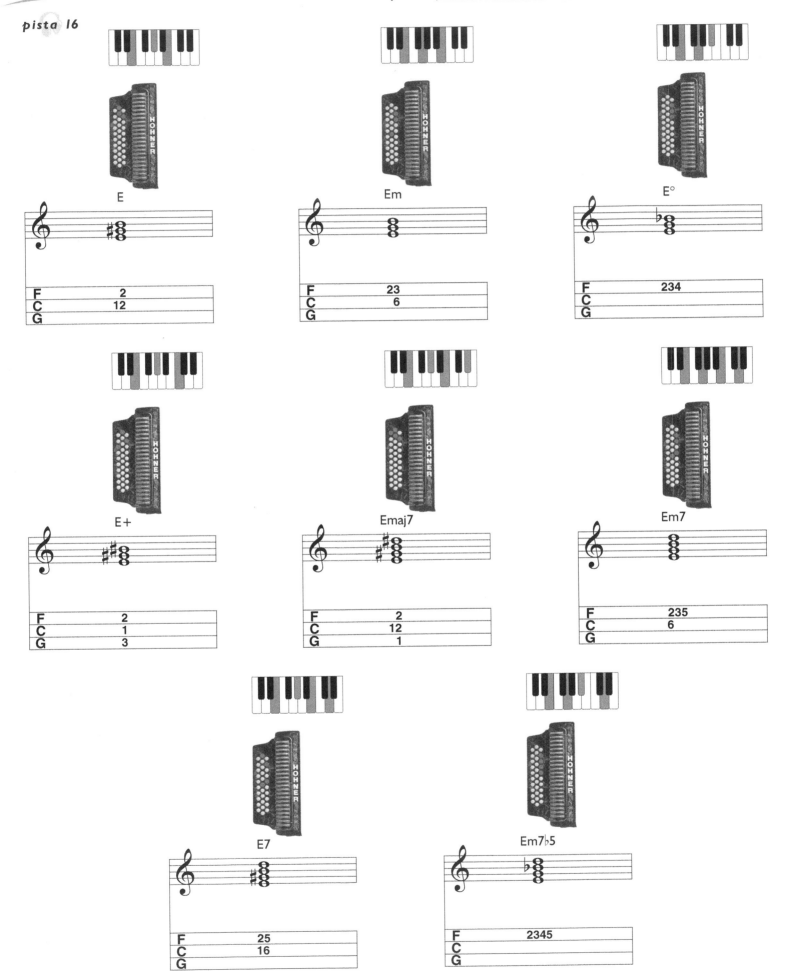

pista 17

Ejercicios

Arpegio de MI mayor (E)

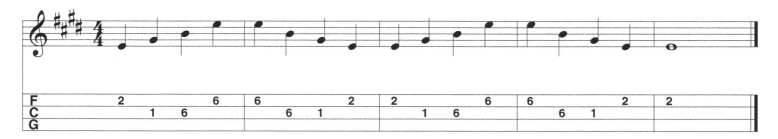

Arpegio de MI menor (Em)

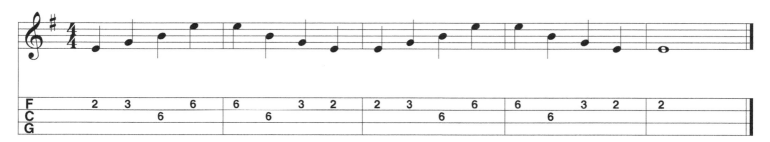

Arpegio de MI disminuido (E°)

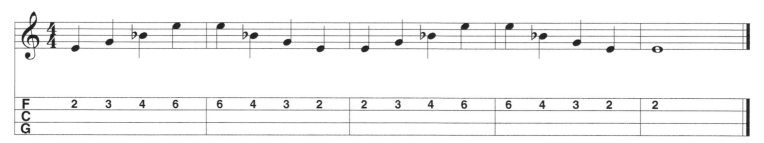

Arpegio de MI aumentado (E⁺)

Arpegio de Mɪ maj7 Emaj7

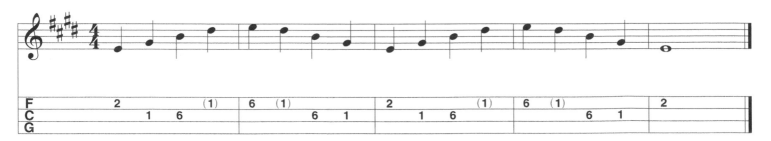

Arpegio de Mɪ m7 (Em7)

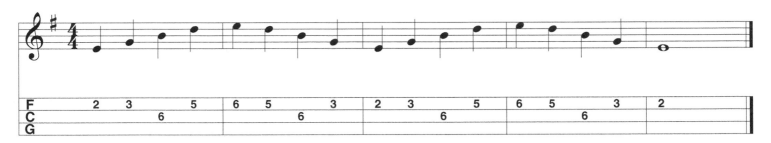

Arpegio de Mɪ7 (E7)

Arpegio de Mɪ m7♭5 (Em7♭5)

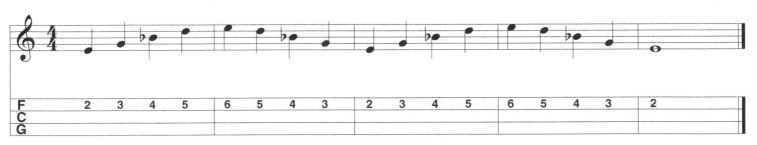

Acordes de La (A)

pista 18

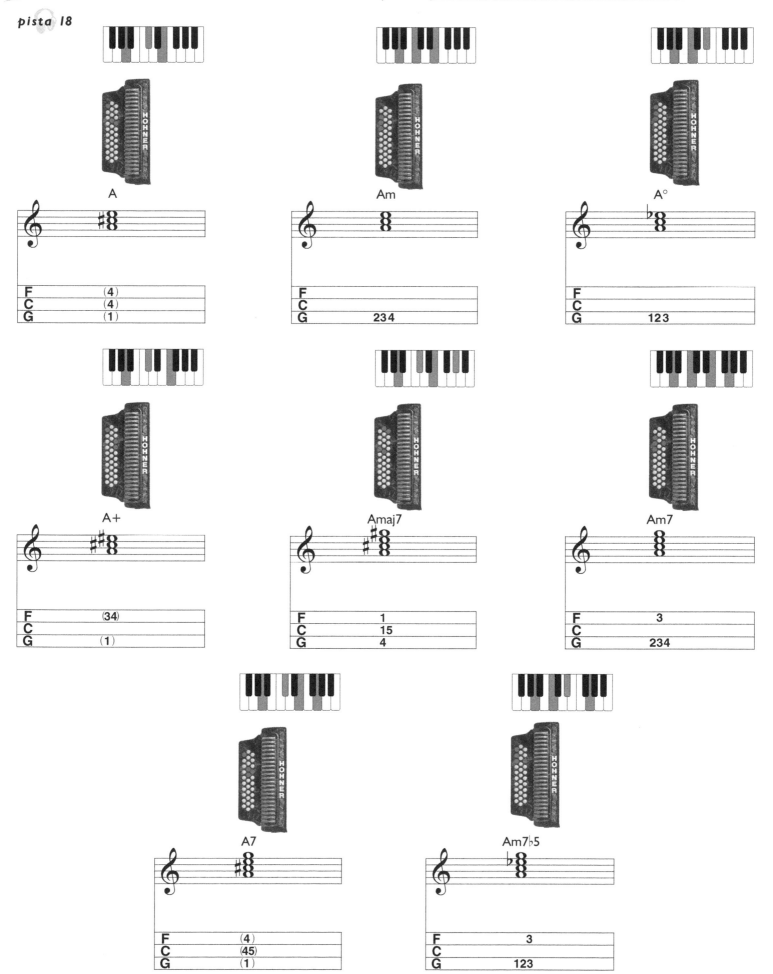

A

F	(4)
C	(4)
G	(1)

Am

F	
C	
G	234

A°

F	
C	
G	123

A+

F	(34)
C	
G	(1)

Amaj7

F	1
C	15
G	4

Am7

F	3
C	
G	234

A7

F	(4)
C	(45)
G	(1)

Am7b5

F	3
C	
G	123

Ejercicios

Arpegio de LA mayor (A)

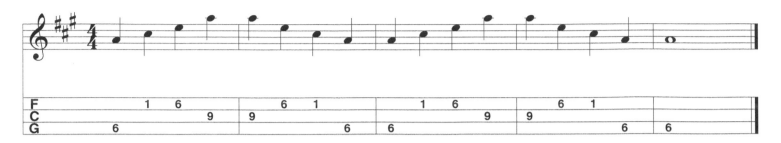

Arpegio de LA menor (Am)

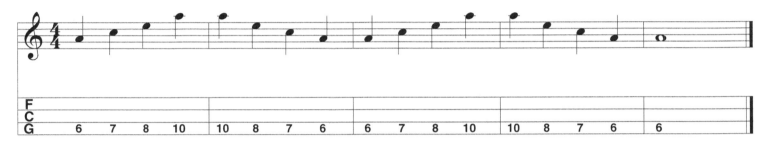

Arpegio de LA disminuido (A°)

Arpegio de LA augmentado (A⁺)

Arpegio de La maj7 (Amaj7)

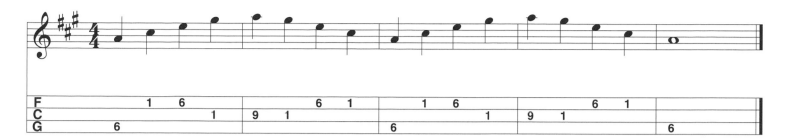

Arpegio de La m7 (Am7)

Arpegio de La7 (A7)

Arpegio de La m7♭5 (Am7♭5)

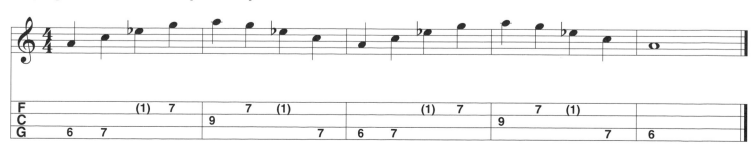

Acordes de Sı♭ (B♭)

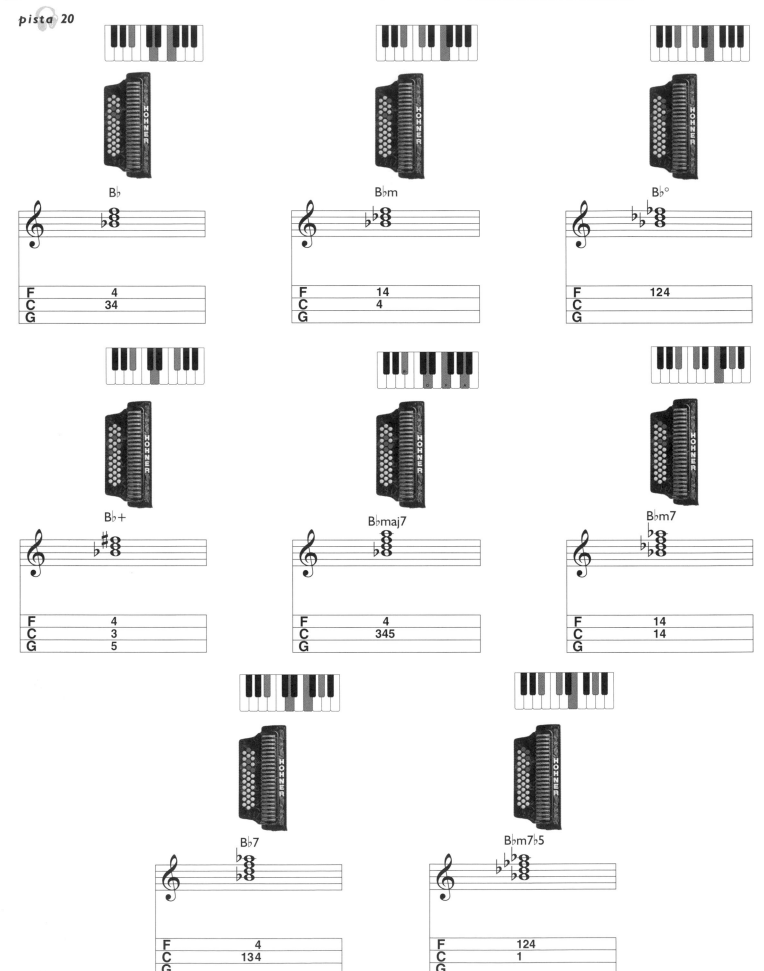

pista 20

Bb

F		4
C		34
G		

Bbm

F		14
C		4
G		

Bb°

F		124
C		
G		

Bb+

F		4
C		3
G		5

Bbmaj7

F		4
C		345
G		

Bbm7

F		14
C		14
G		

Bb7

F		4
C		134
G		

Bbm7b5

F		124
C		1
G		